千载峡州

宜昌博物馆
展览系列图集

宜昌博物馆 编著

余朝婷 主编

文物出版社

图书在版编目（CIP）数据

千载峡州／宜昌博物馆编著；余朝婷主编 . --
北京：文物出版社、2021.12
（宜昌博物馆展览系列图集）
ISBN 978-7-5010-6979-8

Ⅰ.①千… Ⅱ.①宜… Ⅲ.①历史文物- 介绍- 宜昌
Ⅳ.① K872.633

中国版本图书馆 CIP 数据核字 (2020) 第 269148 号

宜昌博物馆展览系列图集

千载峡州

编　　著：宜昌博物馆
图书策划：肖承云　向光华
主　　编：余朝婷
责任编辑：宋丹
责任印制：张丽
装帧设计：雅昌设计中心
出版发行：文物出版社
社　　址：北京市东城区东直门内北小街 2 号楼
邮　　编：100007
网　　址：http://www.wenwu.com
经　　销：新华书店
印　　刷：北京雅昌艺术印刷有限公司
开　　本：889mm×1194mm　1/16
印　　张：5.25
版　　次：2021 年 12 月第 1 版
印　　次：2021 年 12 月第 1 次印刷
书　　号：ISBN　978-7-5010-6979-8
定　　价：108.00 元

总序

宜昌，世界水电之都、中国动力心脏，伟大的爱国诗人屈原、民族使者王昭君的故乡，是巴文化、楚文化交融之地。现有考古资料证明，夏商之时巴人就已存在。周初，巴人参与了武王伐纣之战，因功封为子国，即巴子国。早期巴文化遗址以清江及峡江地区分布最为密集。在宜昌发现的 40 余处巴人遗址中，出土了融多元文化为一体的早期巴人陶器和錞于、编钟、釜、洗等青铜乐器和礼器，族群特色鲜明。根据《左传·哀公六年》记载："江汉沮漳，楚之望也。"说明沮漳河流域是楚人政治、经济、文化和军事发展的重要之地。其经远安、当阳、枝江等全长约 276 公里的沿岸分布着楚文化遗存达 709 处。

秦汉以来，宜昌历经了三国纷争、明末抗清斗争、宜昌开埠、宜昌抗战等重要的历史事件；保留有各个时期大量的重要历史遗迹、遗存；历年来，通过考古发掘出土、社会征集了大量的文物和各类标本。

宜昌博物馆馆藏文物 40476 件 / 套，其中一级文物 84 件 / 套（实际数量 142 件）、二级文物 112 件 / 套（实际数量 154 件）、三级文物 1427 件 / 套（实际数量 2259 件）。楚季宝钟、秦王卑命钟、楚国金属饰片、春秋建鼓、磨光黑皮陶器等一系列的西周晚期至战国早期楚文化重器和礼器，为我们勾勒出楚国作为春秋五霸、战国七雄而雄踞一方的泱泱大国风采。另外，还有馆藏动物、植物、古生物、古人类、地质矿产等各类标本，艺术品，民俗藏品等 10000 余件 / 套。

宜昌博物馆位于宜昌市伍家岗区求索路，建筑面积 43001 平方米。远远看去就像一座巨大的"古鼎"，古朴雄伟、挺拔壮观。主体建筑以"历史之窗"为理念，集巴楚历史文化元素为一体，形成了一个内涵丰富、极具文化特色的标志性建筑。外墙运用深浅变化的条形石材，呈现出"巴虎楚凤"的纹饰，表现出"巴人崇虎，楚人尚凤，楚凤合鸣"的设计效果。不但具备大气磅礴的外观，还体现着时尚的元素和颇具宜昌风味的文化特色。

大厅穹顶借用了"太阳人"石刻中"太阳"为设计元素，穹顶外围铜制构件巧妙地运用了镂空篆刻的设计，体现了宜昌地区祖先对太阳的崇拜以及宜昌作为楚国故地对屈子哲学的崇尚。迎面大厅正中的主题浮雕"峡尽天开"，用中国古代书画青绿山水技法，再现了宜昌西陵峡口的绿水青山，它既是宜昌地域特点的真实写照，也向世人展示着宜昌这座水电之城的秀美风采。

博物馆的陈列布展主题为"峡尽天开"。"峡尽天开朝日出，山平水阔大城浮"是著名诗人郭沫若出三峡时对西陵峡口壮阔秀美风光的咏叹，是对宜昌城地理位置的准确描述，也契合了宜昌由小到大，由弱到强，几次跨越式发展的嬗变历程。陈列布展设计针对大纲重点内容进行提炼并重点演绎，以特色文物为支撑，坚持"用展品说话"的设计原则，辅以高科技多媒体技术、艺术场景复原等手段，彰显开放、包容、多元的城市品格。展览共分十个展厅，分别是：远古西陵、巴楚夷陵、千载峡州、近代宜昌、数字展厅，讲述宜昌历史文明的发展历程；风情三峡、古城记忆、书香墨韵，描绘宜昌多彩文化；开辟鸿蒙、物竞天择，寻迹宜昌人文与自然的传承永续。

宜昌博物馆展陈具有以下特色：一、内容综合性。它是集自然、历史、体验于一体的大型综合类博物馆；二、辅展艺术性。雕塑、艺术品、场景复原风格追求艺术化创新，艺术大家参与制作，老手艺、老工艺充分利用，多工种、专业交叉施工，使展览更加洒脱、细腻、生动；三、布展精细化。布展以矩阵式陈列展现宜昌博物馆丰富的馆藏，在文物布展的细节之处，彰显巴楚文化的地方特色以及精神传承；四、体验沉浸式。它区别于其他博物馆的传统式参观，引入古城记忆的沉浸式体验，穿街走巷间，感受宜昌古城风貌；五、运行智能化。充分运用 AR 技术、智慧云平台等先进的智能化互动方式，让展陈"活"起来；六、展具高品质。进口展柜、低反射玻璃、多种进口灯具组合，无论在哪一环节，都精益求精，打造精品博物馆。

筚路蓝缕，玉汝于成，宜昌博物馆从无到有，从小到大，凝聚了几代宜昌文博人的心血，见证了宜昌文博事业的发展。陈列展览通达古今、化繁为简、注重特色、彰显底蕴，处处体现着宜昌人的文化自觉、文化自信、文化自强。如今宜昌博物馆凤凰涅槃，并跻身国家一级博物馆行列，即将扬帆踏上新的征程。让我们寻迹宜昌发展的脉络足迹，共同打造文化厚重、人气鼎盛的现代化梦想之城！

苏海涛

2021 年 12 月于湖北宜昌

宜昌博物馆展览系列图集

目　录

展 览 概 述

"千载峡州"围绕峡州地区两晋至明清时期历史文化展开叙事，融合了文物分类与时间序列的展览形式，历时与共时的叙事逻辑互补，全方位呈现峡州风貌。本展厅以实物展品为基础，进一步增加了内容阐释，包括背景展板、多媒体触摸屏以及互动设施，不仅是专业能力的视觉呈现，也使观众可进一步感知宜昌博物馆的藏品构成，探究藏品所指向的千年以来峡州人民背后的自然世界和社会现象。

置身此厅，处连绵群山之中，江水流淌，"千载峡州"四字伫立其间；右侧山形之上，峡州地区的建制沿革清晰明了。领略三峡的壮美，行走在山峦起伏的造景之中，或明或暗的灯光下，或热烈或素雅的背景中，各时代的遗迹遗物以耳目一新的展览语言讲述峡州的历史文化。

展厅以时间序列串联，展览内容以宜昌地区历年考古发掘出土文物为重点，突破传统展览的话语框架，充分吸收历史学、地理学、社会学等多学科、多视角的学术成果，体现综合性博物馆的地志属性。展厅基本内容可分为三部分：峡州风物、峡州胜迹、峡州人物，围绕峡州的历史风貌展开一场跨越千年的文化之旅。

峡州风物主要展示两晋至明清时期本地域出土或传世的文物，部分类别的文物时代有所拓展，上至新石器时代，下至中华民国时期，以便让观众对这段历史中的文物沿革获得更清晰的认识。本板块位于展厅中心部位，以器物材质为纲，分为陶器、瓷器、金属器、铜镜、货币、印章、玉器、造像石刻八类，以通柜和独立柜的结合，从文物本体出发，提供强相关、多层级、复合型的信息，挖掘峡州地区该时期文化因素，以展品见证历史，以延伸内容来阐释政治、经济、生产、生活的方方面面。

三国、两晋以来，宜昌历经荆门虎牙之战、晋灭吴之战、陈隋峡江之战、明末抗清斗争、宜昌开埠、辛亥革命、宜昌抗战等重要的历史事件。时代的变幻遗留下了许多各时期的遗迹遗存，出土遗物从性质来讲，大致可以分为明器与生活用器两大类。

峡州地区明器随着时代的发展，经历了由盛到衰的过程。本展厅展示的出土明器以陶瓷器为主，有反映庄园经济的陶猪圈、陶楼等模型明器，也有狮子形灯盏、虎子等生活实用器。这些均体现了人民对美好生活的向往，对未来世界的寄托。

除了在丧葬风格上的表现，峡州人民的生活点滴更多的是穿插在锅碗瓢盆的实用器之中。食色，性也，中国的饮食文化不仅讲究美食，更讲究"美器"。尤其是在社会相对安定繁荣，生活境遇得到改善的条件下，人们生活质量的提高、社会风俗的改变，带动了生活器具种类的增多、审美趋向的发展。以书房用具为例，除基础的笔墨纸砚之外，还出现了用于焚香冥想的香炉；饮茶之风的盛行，也带动了茶具的发展。砚台、水注、瓷香炉、斗笠碗等，展柜中的一件件器物不仅是峡州人民琴棋书画、焚香烹茶生

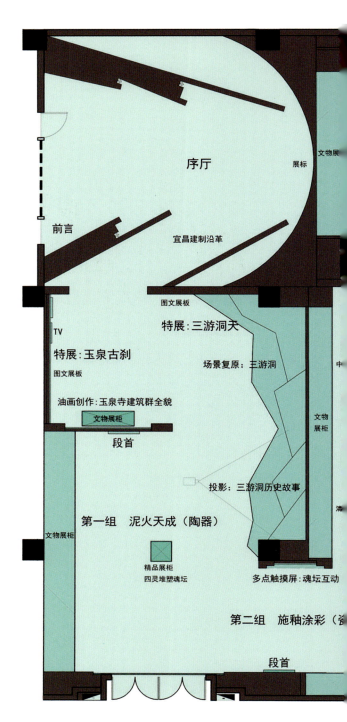

活的演绎，也代表了峡州地区工艺水平的精进。

明器和生活用器的展示突破了传统展陈的框架，利用特别的灯光环境、展台及辅助展具，有意突出展品，使之与观众之间形成一种特殊的距离感；同时又将这种距离感通过多媒体的交互进行弥补，采用各式技术手段鼓励观众进入情境，发挥主观能动性，实现一种自觉、自主的学习和观感。通过展陈来实现博物馆的教育职能，使观众更加积极的参与到知识的探索和建构当中。

文物展柜　文物展柜　文物展柜　段首　第五组　币通天下（货币）　段首　第六组　治印为信（印章）

段首

第四组　镜正衣冠（铜镜）

鎏金

视频互动：
铜镜纹饰

铜镜双面展柜

精品展柜

星宿压胜五铢钱

独立展柜　第七组　以玉比德（玉器）

造像　展柜　独立展柜

文物
展柜

多点触摸屏

特展：李来亨抗清

油画创作

石碑-裸展

图文展板
造像故事

第八组　造像石刻（造像）

明代瓷器

文物展柜

场景油画创作：
李来亨抗清

文物展柜

图文展板

多点触摸屏：
城寨遗址

文物展柜

文物展柜

元代瓷器

文物
展柜

文物展柜

油画创作

特展：杨守敬治学

恒温
恒温
展柜

宋代瓷器

石碑-裸展

图文展板

图文展板

唐代瓷器

文物
展柜

特展：容美土司

恒温
恒温
展柜

南北朝瓷器

结束语

千载峡州展厅平面布局

　　峡州胜迹分为玉泉古刹、三游洞天和容美土司三个特展，充分运用展厅的空间优势，将场景、油画、图文展板和展品有机结合，讲述峡州的物华天宝。通过多媒体触摸屏、投影等各项动态陈列的辅助，以点、线、面、声、光、色的结合，运用现代科技手段，在展厅中营造出更为逼真的环境，使观众仿佛置身于这些文物古迹的现场，在肃穆沉静的古建筑、雄伟壮观的天然美景、绝壁千仞的防御设施中，用有限的空间移步换景、情景交融，来增强观展时无限的想象力。

　　峡州人物版块从文物和遗迹出发，以油画和场景的有机融合、展品与展板的相辅相成，延续至此的山形折线背景，来表达以李来亨抗清和杨守敬治学为代表的峡州人物的故事。

　　从物质到精神，从文物到人物，本展厅用版块形式的展览为明线来叙述峡江近千年的发展史，逻辑思路完整、叙事脉络清楚，从明到暗深入挖掘峡江地区历史文化元素，给观众提供舒适的观展体验。

第 一 章
峡州风物

锅碗瓢盆的碰撞点亮的是生活的乐章；陶器的朴拙到石刻造像的厚重展示的是峡州风物的旧时光。本章是千载峡州展厅的核心内容，以器物材质为导向，流畅的展陈路线，一步一景，在灯带和背景展板的衬托下，用通柜和独立柜勾勒出峡州人民的生活原生场景。

泥火天成—陶器

　　作为峡州风物版块的起点，陶器部分以简单直观的展示手法来讲述生活，以类别为线索来凸显手工业的发展。顺畅的参观流线，让观众清晰明了地看到宜昌地区两晋至明清制陶业的发展历程。

　　◉　本单元以灰色为主色调，以山体造型抽象加工而成的折线作展柜背景。以类别为纲，将文物展示在独立柜和通柜的组合中，辅以多媒体与图文展板，展示峡州人民从泥土和火焰中升腾出的生活。

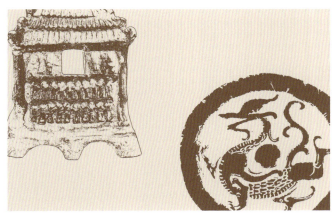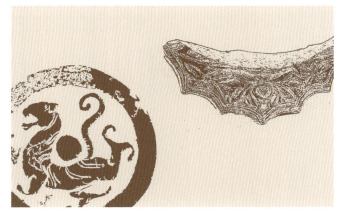

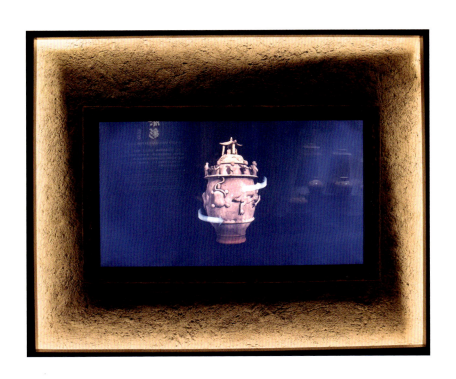

　　重点展品四灵堆塑魂坛置于该单元中心位置的独立柜中以凸显其重要性。顶部灯箱以魂坛腹部堆塑的四神图像为基础元素，附以本单元的典型陶器线图，按照东南西北四个方位排列，将独立柜和通柜巧妙联系在一起。魂坛旁设置触摸屏，全方位展示魂坛的3D影像，并对魂坛的背景知识进行解读。

◉ 　　大型通柜采用组团式、阵列式展陈方法，按照明器、生活用具、建筑构件三类进行展示。根据文物的形制与大小采用不同尺寸的展托，使展品高低错落，大小相配，富有变化韵律。圆形瓦当用金属托件固定于背板上较高位置，既符合其使用方式，又显轻巧精致。背板辅以相关重要遗址与文物类型介绍，让观众进一步了解文物背景知识。

施釉涂彩——瓷器

　　该部分以色彩的明暗变化来演绎峡江地区制瓷业的发展，从质朴的陶器到鲜亮的瓷器，无论是技艺的进步还是审美需求的改变，都是峡江人民逐步前进的见证。

花口瓜棱腹刻花瓷瓶

宋
通高18.7厘米，口径7.8厘米，
腹径9.6厘米，底径7.2厘米
宜昌中堡岛M113出土

第·二·单·元
CHAPTER 2
施釉涂彩 瓷器
GLAZED AND COATED PORCELAINS

宜昌博物馆展览系列图集

◉　本单元以蓝色为主色调，烘托瓷器的典雅。顶部的灯带纹饰与背景板的底纹均选取馆藏瓷器上典型的花叶纹加以提炼，与柜内的瓷器相互呼应，是辅助展陈手段与峡江元素完美融合的体现。

● 五个独立展柜重点展示体型较大、纹饰较精美的瓷器，柜顶配以多角度灯光，便于观众全方位欣赏文物。独立柜两侧的通柜分别对两晋南北朝、唐、宋元明、清代及中华民国等时期的瓷器进行展示。

● 宋代执壶以透明的亚克力展托置于背板之上，高低错落，以简洁的背景衬托出其造型的流畅和釉色的纯净。一对形制相同的狮子形灯盏，以相反的朝向置于高度不同的展托之上，形成视觉上的层次感，改变传统平铺直叙的展陈方式。

南北朝瓷器

宜
重视单
彩瓷，
史上最
烧造的

镇瓷器

瓷器仍以景德镇窑烧造为重，
了□红釉烧制技术，引进珐琅
釉□红，青釉的烧造也达到了
为□瓷的主流，在整个景德镇
□比。

中华民□

中华民国时期□
增多：部分采用□
坯体整齐划一，□
窑温提高、温差小□
化学颜料，纯度提□

◉　此部分以一组青花瓷器为例，展示了瓷器修复的两种不同方式：考古修复与展览修复。前者将瓷片进行粘接，并用石膏等材料进行补配；后者在前者基础上增加全色、做旧及封护工艺，使补配部分与原件无限接近，做到远看一致、近看有别，达到更好的展示效果。此展示使观众不仅看到青花瓷的优雅鲜亮，还直观感受到文物保护修复工作的独特魅力。

◉　背景板上部另附一块小板，用套软管的细钉与透明鱼线固定五块青花瓷片，与下方展托上修复完成的青花瓷碗形成鲜明对比，展示瓷器修复前的状态。

青花瓷碗修复前后

烁石镂金——金属器

　　本单元展陈内容以馆藏田野发掘出土的金属文物为主，将小件文物以金属托架的形式固定在背景板上，大件文物以木质展托高低错落的展示在展台上，这种空间上的延伸加强了观展的视觉效果。

鸳鸯形金带钩

春秋时期
通长2.1厘米，通宽2.0厘米，通高1.4厘米
当阳陈场砖瓦厂M1出土

◉　此单元以棕色为主色调，采用仓储式、组团式等形式展示了各类头饰、宗教礼器、生活用具、度量衡器等金属文物。将豆形带盖铜杯等重要文物置于透明的几案形亚克力展托上，凸显其精致珍贵。

豆形带盖铜杯

西晋
高 14.5 厘米，口径 7.5 厘米
当阳长坂坡 M1 出土

镜正衣冠——铜镜

　　本单元位于展厅中心位置，以三个沿墙通柜和一个独立柜构成。通柜以年代为序，展示从东周到明代的铜镜。背景板上各时代铜镜特点的文字介绍，加上多媒体的辅助，营造了一个优雅的空间，让观众遐想在玻璃镜出现之前人们"对镜贴花黄"的浪漫场面。

龙凤纹铜镜

东晋
直径 12.3 厘米，纽高 0.9 厘米，缘厚 0.4 厘米
原宜昌市文物处征集

　　部分铜镜以金属托架置于背板上，在保证文物安全的前提下最大限度地
提升镜背纹饰的展示效果。金属托架经过随色，使之与文物颜色无限接近，
减少其视觉上的存在感，避免喧宾夺主。

◉　　独立柜中精挑细选了八面铜镜，对其正反面进行展示，让观众不仅可以看到镜背的精美纹饰，还能体验到古人对镜照面的优雅。柜上部配以中国古代名画《女史箴图》中女子对镜梳妆的场景，既配合了铜镜使用过程中的古朴雅韵，又让观众对铜镜的使用方式有更直观的了解。

　　为了使观众能更生动地感受铜镜纹饰构图的精妙、布局的典雅，我们采用多媒体触摸屏的方式，让观众可以亲自体验铜镜纹饰的复原。随着手指的滑动，一面完美的昭明镜便出现在观众面前，与千年前的纹饰对话，与千年前的古人产生共鸣！

币通天下

货币

EARLIEST CURRENCY AND NATIONWIDE CIRCULATION

中国古代货币历史悠久、种类繁多，形成了独具一格的货币文化。夏商时期，货币以贝币为主；春秋战国时期，各诸侯国实行不同的货币制度；秦统一中国后，货币以圆形方孔为主要形制；北宋时期出现了世界上最早的纸币—交子；明代，白银成为法定的流通货币。

宜昌各地区出土的数万枚古钱币中，除压胜钱外，流通钱币达百余种。

Ancient currency of China dates back a long time ago and it includes various categories. It has presented a unique currency culture. During the Xia Dynasty and the Shang Dynasty, the currency mainly consisted of shell money. During the Spring and Autumn Period and the Warring States Period, different states adopted different currency systems. After Qin State unified China, the shape and structure of the currency generally became a circular plate with a square hole at the center. During the Northern Song Dynasty, the world's earliest paper money - Jiaozi - appeared. During the Ming Dynasty, silver became the statutory currency in circulation.

Tens of thousands of ancient coins have been unearthed in Yichang Region. The coins include hundreds of kinds of circulation coins, except the folk custom coins.

褚

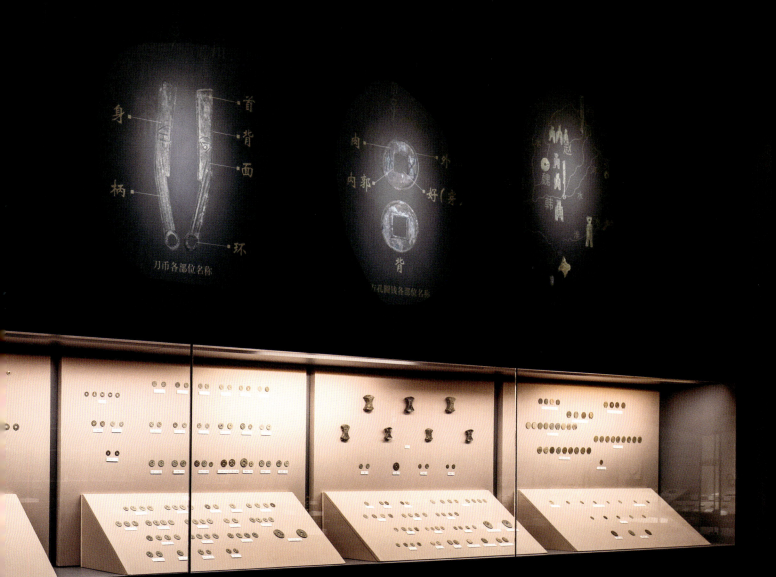

刀币各部位名称 　　　圆孔圆钱各部位名称

币通天下——货币

　　本单元由一个沿墙通柜和一个独立柜组成，分别展示流通货币和压胜钱。百余种钱币以年代为序列，分门别类地固定在斜板和背景板上，展现货币发展的历史演变。

压胜钱展陈方式

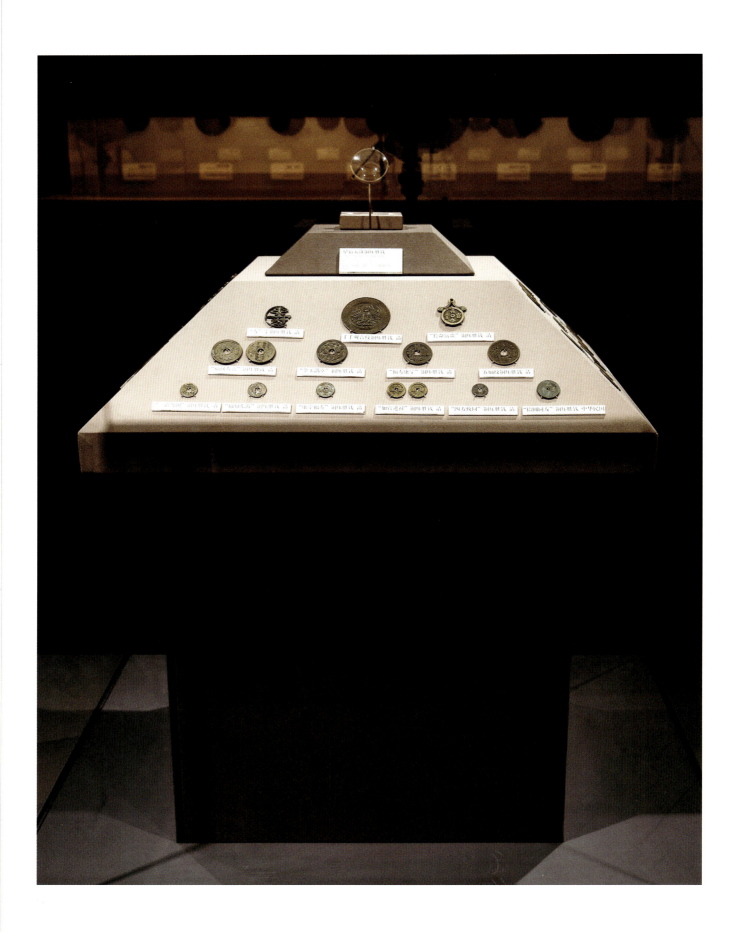

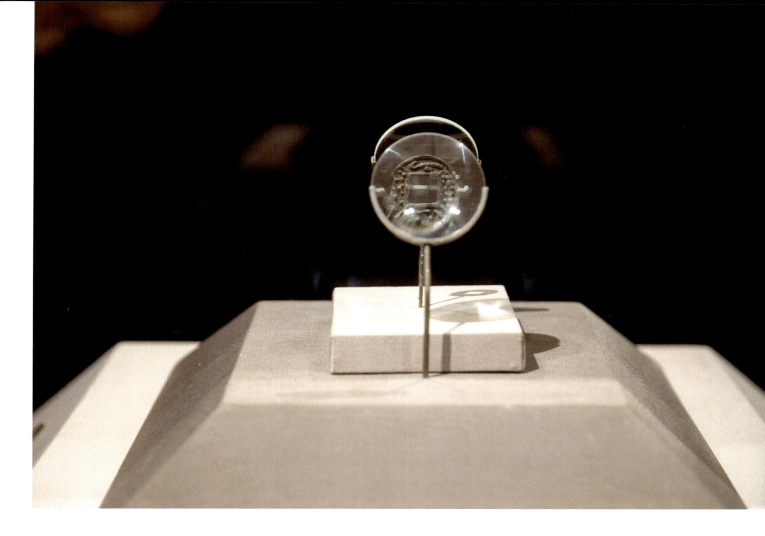

◉ 　独立柜内采用梯形展托，四个斜面展示历
代各类压胜钱。本单元核心展品星宿五铢钱以
金属托架立于展台中心顶部，彰显其独特性与
重要性，同时在其两面设置放大镜，帮助观众
更清晰地欣赏这枚罕见钱币的特殊纹饰与完美
品相。

星宿压胜五铢钱

东汉
直径2.59厘米，质量3.52克
秭归卜庄河M13出土

◉ 因宋代银锭在这批钱币中较为珍贵，故将其置于背板上成组展示。由于银锭较重，为确保文物安全，以透明鱼线捆绑银锭腰部，并在四周用套有软管的细钉进一步加固。

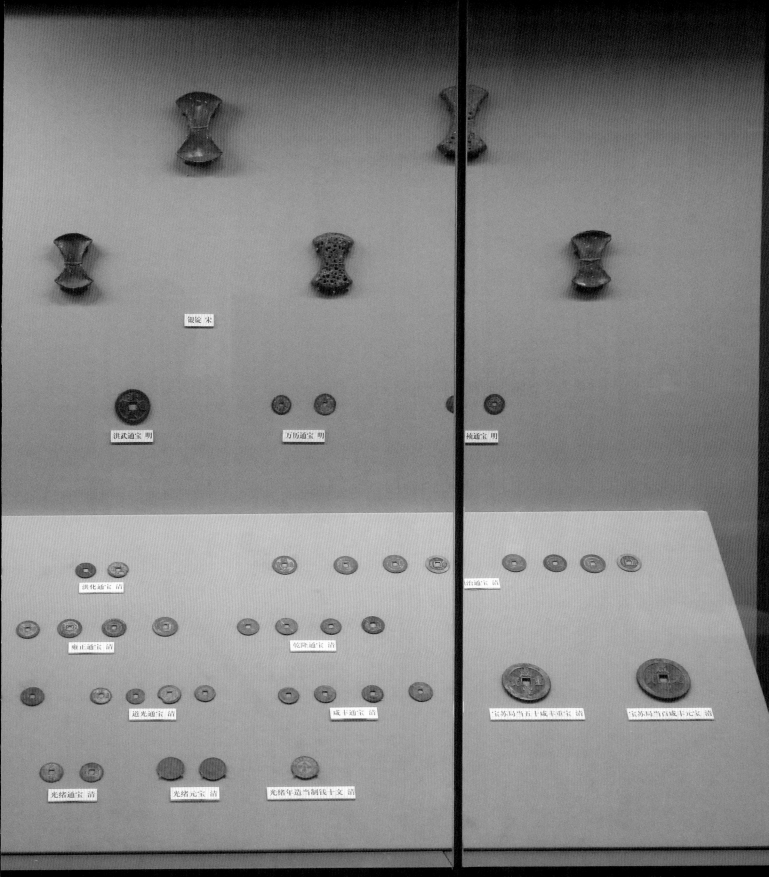

银锭 宋

洪武通宝 明　　万历通宝 明　　祯通宝 明

洪化通宝 清

雍正通宝 清　　乾隆通宝 清

道光通宝 清　　咸丰通宝 清

光绪通宝 清　　光绪元宝 清　　光绪年造当制钱十文 清

治通宝 清

宝苏局当五十咸丰重宝 清　　宝苏局当百咸丰元宝 清

◎　流通货币采用通柜陈列。以阵列方式分为先秦至三国、隋至南宋、元明清、中华民国等时段展示钱币发展过程。柜顶配以战国时期各类钱币流通分布图与几类主要币形的各部位名称介绍，丰富展陈内容。

治印为信——印章

　　宜昌区域考古发掘出土、传世征集的各时代印章，形式多样、内容丰富，不仅是生活实用器，也是当时人们艺术追求的体现。本单元采取透明亚克力支架和金属托架相结合的展陈方式，搭配多元化展陈手段，凸显"方寸之间、气象万千"的印章文化。

龟纽铜印章

西汉
高1.2厘米，宽1.5厘米
宜昌前坪M69出土

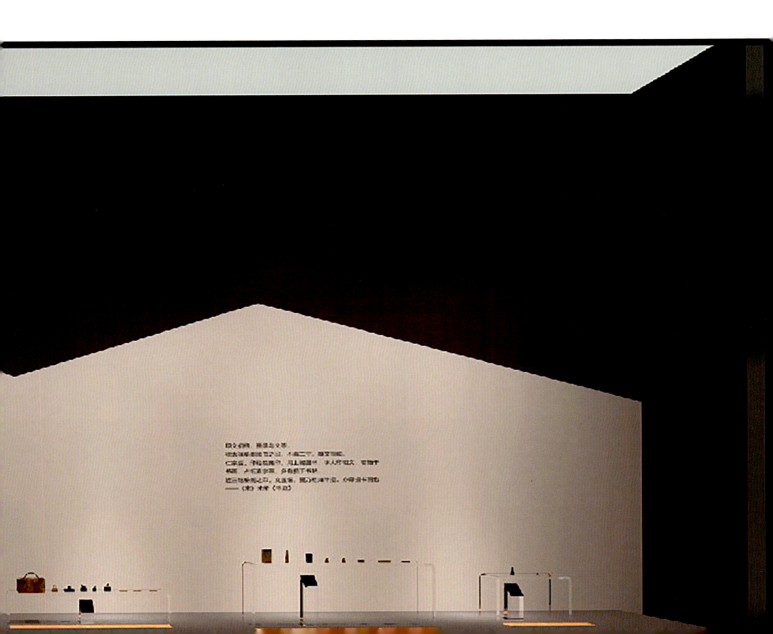

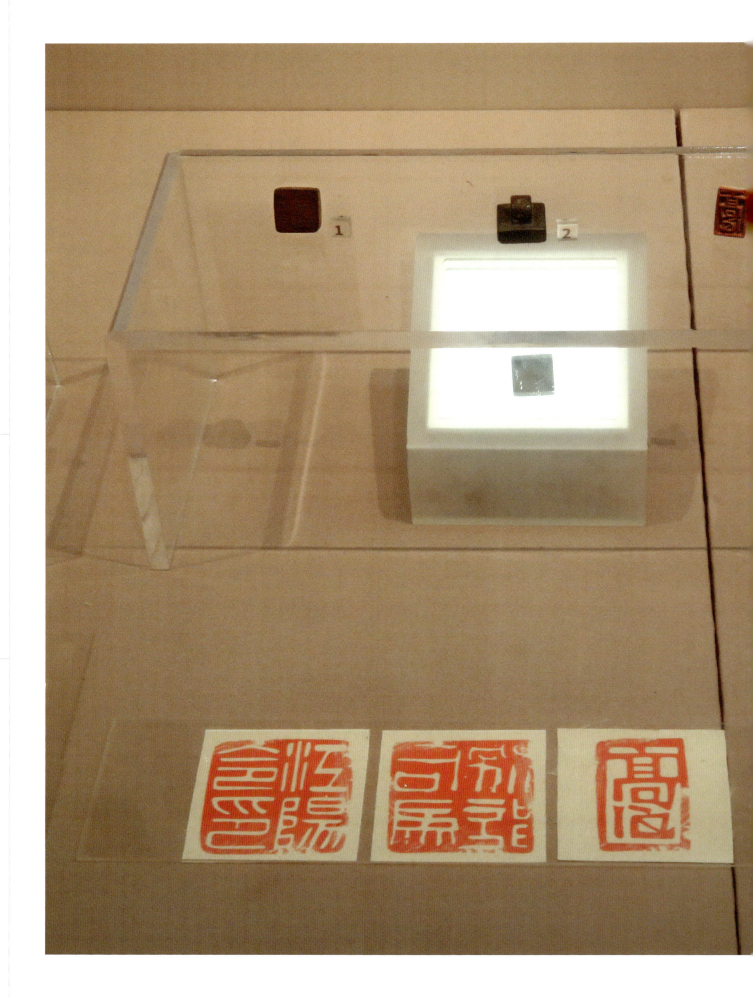

◉ 为了展示印文内容，在印章底部设置斜台反光镜，并将所有印文内容放大印制，置于对应印章前。展柜背景板也以印文内容为主体元素，朱红的凹凸印文展示了篆刻艺术的匠心独运。

以玉比德 玉器

JADE WARE THAT REPRESENTS MORAL EXCELLENCE

《礼记》记载："昔者君子比德于玉焉，温润而泽，仁也。"中国不仅在世界上最早制作和使用玉器，而且也是人类社会发展过程中唯一将玉与"人性"相结合的国家。

本单元展示玉器以宜昌中堡岛、当阳赵家湖、秭归卜庄河等遗址考古发掘出土为主，多用于祭祀、装饰、丧葬等领域。

In the *Book of Rites*, it is recorded that "in the past, a man of moral integrity was often described as a piece of jade, which is warm and lustrous, so as to show the man's benevolence." China is not only the first country in the world to produce and use jade, but also the only country that compares jade to "humanity" in the development of human society.

Articles of jade displayed in the section were mainly excavated from the archaeological excavation sites in Yichang Zhongbao Island, Dangyang Zhaojia Lake, and Zigui Buzhuang River, and were mostly used for sacrifice, decoration and funeral.

新石器时代

新石器时代玉器，简[...]
一，造型不规则，主要有[...]
[...]、管、珠及玉雕动物等。

以玉比德——玉器

展柜背板运用峡江山体形态设计，使空间更具艺术特色；以文物类别和年代为纲，结合多样化的展托、简洁的版式设计，再现千年以来制玉工艺的发展和精湛的技艺水平。

商代玉器

商代玉器制作已成为独立的手工业门类，青铜工具在制玉工艺中的应用，使琢玉技术显著提高，在造型、雕琢、钻孔、抛光等方面都达到相当高的水平。

春秋战国时期玉器

春秋时期玉器继承西周奇，风成变形兽面纹等图案，精雕细琢，战国时期，形制上动物器材所占比重增多，技艺精巧。

秦汉时期玉器

宜昌地区域出土秦汉时期玉器品种繁多，雕琢纤巧，技艺精湛，既用途可分为礼玉、葬玉和佩玉，造型纹饰工艺上，以圆雕、品浮雕、浅雕为主，玉器风格古拙。

魏晋南北朝时期玉器

魏晋南北朝时期玉器数量较少，工艺不高，制作也显差。"不可多得"的宝贵成就这玉器，也绝少传世杰品。

隋唐时期玉器

隋唐时期玉器以葬玉和作为实用器为主。装饰图案趋向生活，加工工艺日益成熟，雕琢精细逼真，气韵生动，钮孔艺术水平高超。

明清时期玉器

明清时期玉器以葬玉和作为实用器为主。装饰图案趋向生活，加工工艺日益成熟，雕琢精细逼真，气韵生动，钮孔艺术水平高超。

雕龙玉璧

春秋晚期

外径7.4厘米，内径2.8厘米，厚0.4厘米

当阳李家洼子M13出土

1

2

3

梅花纹玉瓶
Jade bottle with plum pattern
明（1368—1644 年）
1993 年原宜昌市文物处
移交

壁虎式玉带钩
Gecko-type jade belt hook
明（1368—1644 年）
1993 年原宜昌市文物处
移交

玉哪吒
Jade Nezha
明（1368—1644 年）
1993 年原宜昌市文物处
移交

4

5

回纹玉珌
Jade ornament at the bottom of a
sheath with fret pattern

回纹玉珌
Jade ornament at the bottom
of a sheath with fret pattern
汉（公元前 206—公元 220 年）
1978 年宜昌市前坪墓群
M66 出土

圆点纹玉璏
Jade gadget with polka-dots
东汉（25—220 年）
1978 年宜昌市前坪墓群
M59 出土

圆点纹
Jade gadget
西汉（公元
1978 年宜昌
M66 出土

6

7

8

玉如意
with cirrus pattern
—1644 年）
宜昌市文物处

圆点纹玉璏
Jade gadget with polka-dots
东汉（25—220 年）
1978 年宜昌市前坪墓群
M75 出土

10   11   12

根据不同的玉器形制，展示台面既有斜面也有平台，斜面的玉器用透明鱼线固定，部分重要玉器用金属托架悬空固定在背板上，更强化了玉器温润和煦的视觉效果。背板上依次概述各时代玉器特点，让观众在欣赏玉器的同时了解古代玉器的发展脉络。

玉璏

西汉
长10.3厘米，厚0.35厘米
宜昌前坪M73出土

造像石刻——造像

　　本单元以红色为主色调，与藏传佛教中红色代表崇高、圣洁、信仰的观念相契合。大型通柜和十二个独立柜的组合营造了藏传佛教的震撼场景，佛教背景知识的图文展板对文物活化进行了延伸，营造出庄严、肃穆的氛围。

宗喀巴

18世纪晚期
藏传佛教造像 黄铜
通高16.5厘米，底座长12.0厘米

无量寿佛

18世纪
汉传佛教造像 黄铜鎏金
通高18.5厘米，底座长11.8厘米

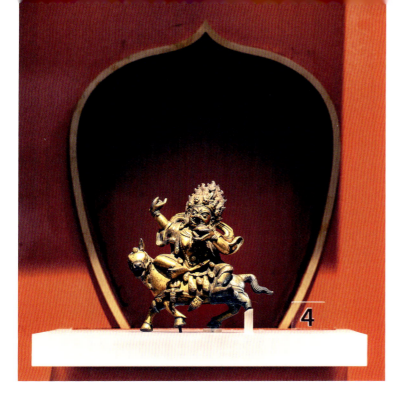

● 十二尊佛教造像以亚克力方砖为底托，展示在阵列式的独立展柜中，加以展厅顶部灯箱的衬托，更显佛像的庄严肃穆。

● 通柜内模仿石窟形制放置佛像，置于背板上的每尊佛像背后设置尖拱佛龛，令观者的视觉焦点自然聚集于壁龛中心的佛像面部，更专注地感受佛的慈悲与智慧。

吉祥天母

18世纪

汉传佛教造像　黄铜鎏金

通高10.1厘米，通长8.3厘米，通宽5.6厘米

文殊菩萨

明永乐

藏传佛教造像　黄铜鎏金

通长9.7厘米，通宽7.0厘米，通高15.2厘米

第 二 章

峡州胜迹

千年岁月里，有过战乱纷飞，也有过和平安好，峡州人民一步步走来，遗留下以玉泉古刹、三游洞天和容美土司为代表的许多古建和遗迹。这三个展陈单元以场景和多媒体为主，以展板和文物为辅，展示峡州胜迹的文化内涵。

◉ 本单元正面以油画再现全国重点文物保护单位
玉泉寺铁塔与身后的寺院古建筑群及远处的覆船山
景，画面主体突出，疏密有致，富有层次感。

玉泉古刹

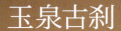

　　本单元以乳黄色为主色调，色彩庄重又不失明艳，通过图文展板、油画、文物展柜的结合，再配以视频播放，营造了玉泉寺安静祥和的氛围，让观众置身其中，彷如听见佛教圣地的晨钟暮鼓。

◉　侧面图文板辑录历代文人关于玉泉寺的诗作，展示玉泉寺俯瞰全景与重要建筑、文物，并配以多媒体视频介绍，让观众多方位地了解、品味其厚重的历史。

玉泉铁塔 为仿木构楼阁式

玉泉 古刹
YUQUAN TEMPLE

玉泉古刹，相传东汉建安年间，僧人普净净结庐于此。南朝梁宣帝萧察敕玉泉为「覆船山寺」。隋开皇十二年（592年）晋王杨广应高僧智颛奏请在此起寺，敕名「智」后敕封智颛为「智者禅师」。亲书「玉泉寺」并敕智颛为者道场「圆顿」。唐仪凤二年（677年），唐高宗诏请寺僧弘景为师。后周长寿三年（694年），金轮圣皇帝亲授舍利并敕建七层砖塔塔之，三朝国师神秀在寺创禅宗北宗。宋天禧末年（1021年），明肃皇后感慕孕邃造之恩，捐银扩建，改额为「景德禅寺」，崇宁时又敕为「护国寺」。元世祖武宗、仁宗皇帝亦加以敕修，明后虽毁犹修。

三游洞天

　　三游洞生于绝壁之上，洞室开阔，"前三游""后三游"的故事耳熟能详，是宜昌十大文化名片之一。本单元以场景为主，多媒体为辅，在明暗交错的灯光下，欣赏镌刻的诗词文章，聆听诵读的名人诗句，动态与静态完美结合，引导观众沉迷其中，流连忘返。

三游洞场景设计线稿

本单元采用玻璃钢材料等比例缩小还原三游洞的洞室结构，无论洞内嶙峋的石柱，还是洞口的历代文人题刻与洞外石壁上的藤蔓，都力求自然逼真，观众穿梭其间俨然置身三游洞实景。在展柜文物之外，为观众提供了另一种独特而生动的观展体验。

通过投影和小孔成像两种形式，以动画方式展示三游洞的历史人文知识，尤其是小孔成像的观看方式与洞室的环境巧妙融合，更增添了观展的乐趣。

《新改荒路记》摩崖石刻

三军旗长田海寿墓

五峰土司衙门

五峰采花土司衙门远景

水浕司衙门全景

百顺桥碑

汉土疆界碑

容美土司

在容美土司数百年的发展历史中，宜昌境内的长阳、五峰等地区都曾为其控制范围。本单元图文展板重点介绍了容美土司遗留下的遗迹遗物，以照片的形式形象生动的讲述了土家族人民在秀美山川中发生的故事。

◎　本单元正面用玻璃钢仿制容美土司的重要文物——汉土疆界碑，背后辅以容美土司文物点所处的秀美山乡风景的油画，将三维的展品融合于二维的图像中，巧妙地渲染了该文物所处的环境，增强了空间的纵深感。

第 三 章
峡州人物

经历了千年，在人杰地灵的峡州，除了风物可观、胜迹可寻，更有人物可追忆。李来亨、杨守敬，或军事、或文学，都是峡州人民精神生活的象征。这两个特展位于千载峡州展厅的尾厅，以场景配合多媒体、文物的展陈方式，生动形象地讲述了两位名人的生平。

李来亨抗清

　　本单元以场景和油画为主，展柜为辅，三者相辅相成，交融互补，描绘了一个大型的战斗场面。嵌入多媒体触摸屏的图文展板作为场景的内容补充，给观众提供更多的展示之外的故事，以延伸的背景内容来见证这段历史。

◉　本单元主要通过油画再现李来亨所率农民军倚靠山顶城寨与山下清军对抗的场景。初始油画设计的战斗场景位于山间缓坡上，与实际环境出入较大，经过实地考察与多次修改，方达到现今的画面效果。

　　油画前的空地设置仿真的石块与杂草，与油画内的环境虚实相成，融为一体，增强场景的真实感。同时配以两件对峙的铁炮展品，生动渲染了战斗的紧张激烈氛围。

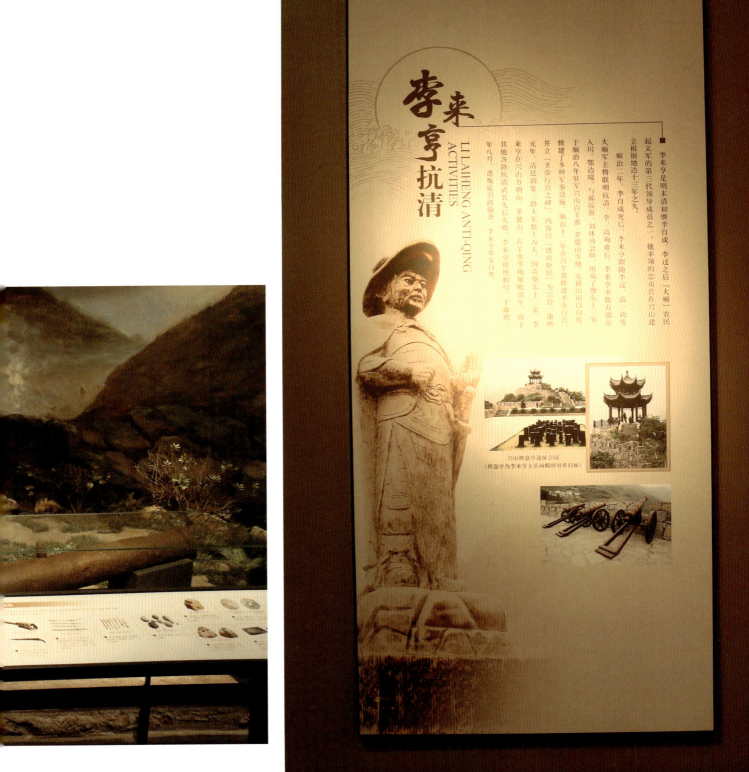

◉　油画对面是一个沿墙通柜，展示了一件铁炮展品。展柜背景以山形贯穿始终，在淡黄的底色上描绘了两门蓄势待发的大炮，使展品与背景融为一体。通过展柜玻璃，可以隐约看到油画场景的烽火连天，将两部分的展示有机融合起来，既有过道方便观众参观，也能保证展示的完整性。

康熙三年，李来亨在兴山茅麓山修建长三里、宽一里的坚固营寨，筑"城栅三匝"。清军先后多次向山寨发起仰攻，李来亨指挥士兵迎头痛击，将粗木巨石投掷崖下，清兵屡战屡败坠崖落涧伤亡惨重。

杨守敬治学

　　本单元采取文物展柜与图文展板相结合的方式，用文物展示本土文化大师杨守敬的书法成就，用文字讲述其生平过往。文物拣选力求特色鲜明，展示布局力求疏密相间，辅之淡雅的灯光和色彩，渲染出一种书香气的氛围感，让观众可以静下心来欣赏其书法的行云流水。

杨守敬书法扇面

◉ 本特展共展示三件套（实际数量五幅）杨守
敬书法作品，同时还特别展示了其手书木质楹联
一幅，以期让观众直观的感受到杨守敬在书法上
的成就。

杨守敬治学 YANG SHOUJING'S SCHOOLING

杨守敬（1839—1915），字惺吾，号邻苏老人，湖北宜都人。同治间举人，清末民初著名历史地理学家、金石学家、目录版本学家、书法家和藏书家。著有《历代舆地图》《平碑记》《平帖记》《学书迩言》等。

杨守敬42岁应召赴日本任驻日钦使随员，48岁回国就任黄冈教。61岁担任两湖书院教习，三年之后为勤成学堂总教长。光绪三十年（1914年），被咨举为礼部顾问官，参与《湖北通志》编纂。民国三年（1914年）袁世凯聘其为顾问，任参政院参政员。民国四年（1915年）1月9日逝世，归葬宜都龙窝。

杨守敬作品

《寰宇贞石图》民国第一部照相制版的碑刻图集。

《楷法溯源》杨守敬仿顾云臂《求篆》之例，用18年时间编成《楷法溯源》14卷，又古碑、笔帖目录1卷。

◉ "劲笋穿篱斜长竹，弱藤贴地卧开花"，一幅行书七言的木质楹联，展示了杨守敬"亦足睥睨一世，高居上座"（虞逸夫）的书法造诣和高风劲节的文人风骨。

◉ 木质与纸质类文物都是极其脆弱的，为了延长这批文物的寿命，我们采用恒温恒湿的展柜来进行展示。

杨守敬故居

杨守敬墓

杨守敬书房用具

（1863～1936）著
学巨著，

邶之事逐撢思十年門庭戶
週皆著低筆遇得一句即使跋
足自以所見不博求為延吉

大型多媒体触摸屏

通过琳琅满目的实物展品，大家可以了解这段漫长历
史的原貌，看到峡州人民生活起居的点滴。通过多媒
体触摸屏，可以了解文物知识和文物背后的故事。

印章 治印为信

玉器 以玉比德

造像 造像石刻

古迹 峡州古迹

型物典器

谷仓罐

谷仓罐，在汉代较为流行，以随葬明器面目出现，内部置放多种谷物，自六朝至元明，谷仓罐作为一种专门限用于陪葬地的模型明器，也被后人称作魂瓶、即死者灵魂的栖息地或寄托物同时，其新异多多的造型和纷繁复杂的装饰题材，又使它得到了堆塑人物罐、堆塑谷仓罐的美称。

古民居

彭树元民居

结语

　　背靠鄂西绵延山脉，东望楚天，枕长江而居中游，崛起无数风流人物；婉转淋漓的巴文化，大气蓬勃的楚文化，历经千年，造就兼容并蓄的多彩峡州。本展厅以文物陈列为基础，辅之以特展，从陶瓷的典雅到玉石的温润，从佛教高僧到文人雅士，一代又一代人在这片美丽的土地上辛勤劳作，不仅创造了丰富的物质文明，也带动了精神文明的进步。峡州人民一直在努力、在抗争、在前进，峡州人民的生活画卷也在此慢慢展开。